Peter Hahne
Gesegnete
Weihnachten
mediaKern

Liebe Leser!

Weihnachten steht vor der Tür. Aber viele scheinen den Schlüssel verlegt zu haben. Sie sehen nur das Vordergründige, die Oberfläche, den Schein im Lichtschein der Kerzen.

Die Ware Weihnacht ist nicht die wahre Weihnacht. Dennoch: Schenken ist schön. Zeigt es uns doch: Da denkt jemand an mich, ich bin nicht allein, nicht vergessen.

Wer zu Weihnachten allerdings nur Kitsch, Kommerz und Konsum erlebt, wird verhungern. Herz und Seele wollen mehr. Nicht nur Zufriedenheit, sondern Frieden. Jesus, das Kind in der Krippe, das zum Mann am Kreuz wird, ist das größte Gottesgeschenk an uns Menschen. »Die Geburt von Jesus Christus in Bethlehem ist keine einmalige Geschichte, sondern ein Geschenk, das ewig bleibt« (Martin Luther).

Lassen Sie sich beschenken! Dieses Buch will Ihnen Gedankenanstöße dazu geben.

Gesegnete Weihnachten!

Ihr

Heimat finden

Konsumtempel oder Stall? Fremd in einer dunklen Welt oder daheim in der Geborgenheit Gottes? Ich habe die Wahl. Gott zwingt niemanden, weil man Liebe nicht erzwingen kann. Schon vor Jahrtausenden gibt er eine epochale Energiezusage: »Das Volk, das im Finstern wandelt, sieht ein großes Licht, und über denen, die da wohnen im finstern Lande, scheint es hell« (Jesaja 9,1). Gott, unser Vater, geizt nicht, um seinen Kindern Schutz und Heimat zu geben. Er setzt alles ein: das Höchste für uns Niedrige. Dazu wurde Weihnachten. Dazu kam sein Sohn zu uns aus der Ewigkeit in die Zeit, aus dem Himmel auf die Erde, aus der Herrlichkeit des Vaterhauses in das Elend eines Stalles von Bethlehem. Niemand kann jetzt mehr sagen: Ich bin Gott gleichgültig, er ist zu weit weg. Nein, er ist ganz nah. Er ist dort, wo Menschen sich aufmachen, aus der Dunkelheit ins Licht zu gehen.

Mit dem Zweiten sieht man besser

Soll man sich das Schenken nicht einfach mal schenken? Den alten Traditionstrott durchbrechen, der alle Jahre wieder eine wahre Kaufepidemie in Gang setzt. Meist mit olympischen Ausmaßen: immer größer, immer mehr, immer teurer ... Diese eiligen Tage bis zum Heiligen Abend haben doch mit Lebensqualität nichts mehr zu tun. Und widersprechen sie nicht auch dem eigentlichen Sinn des Festes? Das wäre doch was:

Die Jagd nach Geschenken einfach abblasen, die am Ende doch niemand brauchen kann und für die kaum einer dankt.

Doch halt! Was wäre, wenn Gott sich das Schenken geschenkt hätte?! Die damaligen Menschen waren das Gottesgeschenk – in Windeln verpackt und in eine Krippe gelegt – genauso wenig wert wie wir heutigen. Selbst die Bibel bilanziert: »Er kam in sein Eigentum; und die Seinen nahmen ihn nicht auf« (Johannes 1, 11). Mal ehrlich: Wir wollen diesen Jesus doch gar nicht, er stört mit seinen Geboten unsere Kreise. In Zeiten, wo der Glaube aufhört, dem Leben und unserer Gesellschaft Gestalt zu geben, ist Gottes Liebesmüh doch umsonst. Krippe und Kreuz, Trost und Hoffnung, Vergebung und Erlösung – wirklich alles umsonst? So sieht's auf den ersten Blick aus. →

Aber mit dem zweiten sieht man ja bekanntlich besser. Ohne das Geschenk Gottes in seinem Sohn Jesus Christus wären wir Menschenkinder arm dran. Gott sei Dank: Er hat sich das Schenken nicht geschenkt. Machen wir's wie er! Lassen wir unseren Gabentisch ein Abbild der Gottesgabe sein.
In den Geschenkabteilungen der Kaufhäuser fehlt das, was unser Herz wirklich begehrt und was aus bloßer Zufriedenheit wirklichen Frieden schafft. Wir brauchen mehr als die Ware Weihnachten, wir brauchen wahre Weihnacht. Wer diese Liebe teilt, verdoppelt die eigene Freude. Wie Gott sich uns mitgeteilt hat in einem Krippenkind, dürfen wir mit anderen teilen, damit sich Friede in unser Herz legt. Es geht bei den Geschenken nicht um wesentlich mehr, es geht um mehr Wesentliches. Es zählt letztlich nur das Echte, das, was von Herzen kommt. »Denn also hat Gott die Welt geliebt, dass er seinen eingeborenen Sohn gab, auf dass alle, die an ihn glauben, nicht verloren werden, sondern das ewige Leben haben« (Johannes 3, 16).

Der Stern von Bethlehem ist ein Licht in dunkler Nacht – gerade heute.

Edith Stein, 1942 in Auschwitz ermordet

Es sollte fürwahr nichts fröhlicher sein in der Schrift als dies, dass Jesus geboren ist.

Martin Luther

Weihnachten nicht nur an Weihnachten

Jesus kommt in unsere Nacht, damit wir in sein Licht kommen können.
Wo Gott geehrt wird, zieht Frieden ein. Aus Heidenangst wird Christusfreude.
Licht, Liebe, Leben – das sind die großen Gaben Gottes.
Ein Kapital, das wir im Alltag in kleiner Münze weitergeben können.
Weihnachten zeigt uns, wie unsere ganze Welt aussähe, würde es die anderen 365 Tage nicht geben. Was für ein Gedanke: Kein Krieg, kein Terror, keine Angst, nur Freude, Friede, volles Leben. Mitten in deformierter Welt deklamiert der Gottesbote aus dem Himmel: »Fürchtet euch nicht! Siehe, ich verkündige euch große Freude, die allem Volk widerfahren wird; denn euch ist heute der Heiland geboren, welcher ist Christus, der Herr« (Lukas 2, 10+11).
Weil Weihnachten das Fest der Liebe ist, ist Weihnachten eben nicht nur an Weihnachten. Es kann jeden Tag in uns und unserer Umgebung wahr werden, wenn wir Gott die Ehre geben und seinen Sohn unser Leben er- und durchleuchten lassen. Er ist es, der einmal sagen wird: »Ich bin das Licht der Welt. Wer mir nachfolgt, der wird nicht wandeln in der Finsternis, sondern wird das Licht des Lebens haben« (Johannes 8, 12). Dieses himmlische Licht bestrahlt meinen irdischen Lebensweg, gibt Orientierung und Wärme und weist mir die Richtung:
»Dein Wort ist meines Fußes Leuchte und
ein Licht auf meinem Wege« (Psalm 119, 105).

Energie für Krisen

Gott wird im Kleinsten am allergrößten. Er wird Kind. In ihm bekommt seine Liebe Hand und Fuß. Geborgenheit und Glück sind zum Greifen nahe. Wo wir das Geschenk in der Krippe von Bethlehem begreifen und ergreifen, bleibt Weihnachten kein Fest für Stunden, sondern macht uns fest an der Quelle ewiger Freude.

Der Heilige Abend: eine echte Kraftquelle fürs ganze Leben. Nicht ein bisschen Energie für ein kurzes Stottern des Lebensmotors. Nein, volle Kraftzufuhr, die für den ganzen Lebensweg reicht.

Der Glaube führt uns nicht nur auf Sonnen- und Höhenwege, er lässt auch Umwege, Holzwege und Irrwege zu. Und doch klingt schon an der Krippe an, was in Kreuz und Auferstehung von Jesus Christus seine Bestätigung findet: »In dir ist Freude in allem Leide.« Weihnachten bringt Frieden und Freude in das Dunkel unserer Tage. »Die Freude ist der Doktorhut des Glaubens« (Martin Luther).

Und wäre Christus tausendmal in Bethlehem geboren
und nicht in dir, du bliebest doch ewiglich verloren.

Angelus Silesius (1624–1677)

Jede Freude füllt dich, jeder Schmerz leert dich.
Aber in jener hat noch Sehnsucht Platz,
in diesem noch Zuversicht.

Jean Paul (1763–1825)

Weihnachten, das heißt:
Gott hat diese Welt nicht abgeschrieben.
Denn wer ein Kind zur Welt bringt, hat sie noch nicht aufgegeben.

Machen Sie aus dem gewohnten Fest kein gewöhnliches!

Weihnachten ist kein Traum für Stunden,
sondern gibt Kraft zum Leben.
Nun braucht unsere Lebensfreude nicht mehr
auf Sparflamme zu brennen.

Die Freude der Christnacht ist keine Sache des Kalenders,
sondern des Herzens.

Je mehr Platz wir Jesus geben,
desto weniger Raum bleibt für Angst und Zweifel.

Weiße oder weise Männer? Entscheidung fürs Leben

Weihnachten heißt: Jesus Christus kam für mich, für mich ganz persönlich. Als Kind liegt er in der Krippe – für mich. Am Heiligen Abend bricht die Ewigkeit, die Macht und Herrlichkeit Gottes in unsere Zeit – in unsere armselige, jammervolle Zeit. Zu Recht sprechen unsere frommen Vorfahren vom Jammertal Erde. Wir haben keinen Krieg in Europa, Gott sei Dank! Doch das Gesicht der Erde blutet wie noch nie: Bürgerkrieg und Terror weltweit, und bei uns wird ungeborenes, behindertes oder pflegebedürftiges Leben aussortiert, als hätten wir aus der schlimmsten Phase deutscher Geschichte nichts gelernt. Nur wenige verdrängen, verharmlosen und verniedlichen das nicht. Sie werden von unserer mittelmäßigen politisch korrekten Gesellschaft spöttisch »die alten weißen Männer« genannt, die Ewiggestrigen. Im Deutschen nur einen Buchstaben entfernen und wir sind näher an der Wahrheit: Es kamen weise Männer zur Krippe nach Bethlehem. Und diese Intellektuellen rümpften ihre Nase weder vor dem Stall-»Duft« noch vor der Armseligkeit Gottes in einem gepamperten Baby ... Sie taten das einzig Richtige: Sie beugten ihre Knie. Sie wussten: Hier ist das Leben, das auch in Schuld und Ausweglosigkeit nie ohne Hoffnung ist.

Da, wo wir mit leeren Händen zur Krippe kommen, bekommen wir die Kraft, die unser Leben verändert und unseren Jammer stillt. Seit es Heiligabend wurde, dürfen wir wissen: Wir sind mit unserem Leid nicht allein. Wer das Kind, den Mann am Kreuz nicht will, der hat nur noch sich selbst und scheitert an seinen Grenzen. Und wir alle wissen doch, wie eng die sind. Wer jedoch sein Leben mit all den Pleiten und Enttäuschungen, mit Krankheit, Not und Tod nimmt und sie an die Krippe und unter das Kreuz legt, dem ist heute, wirklich heute, der Heiland geboren!

Der Heilige Christ an alle denkt,
ein jedes wird von ihm beschenkt.
Drum lasst uns freun und dankbar sein!
Er denkt auch unser, mein und dein.

August Heinrich Hoffmann von Fallersleben (1798–1874)
Dichter der deutschen Nationalhymne »Das Lied der Deutschen«

Wie Weihnachten wirkt

Wir haben es in der Hand, wie das Fest verläuft, welche Erinnerungen bleiben. Erleben unsere Kinder Zank und Streit, erschöpfte Mütter und geschäftige Väter, Familienkrach am Fest der Familie? Oder bleibt eine lebendige Tradition, die prägt und auch nach Jahrzehnten noch Kraftquelle und Sehnsuchtsort ist? Kein Fest hat die Menschen in Kriegen und Katastrophen so getröstet wie Weihnachten. Schon die bloße Erinnerung an die Kindheit brachte Licht in dunkle Stunden. Ob der Multikulti-Zirkus unserer Tage mit seinen widerlichen Weihnachts-»Verboten« oder der diktatorische Versuch, aus Engeln Jahresendflügelfiguren zu machen: Wir dürfen uns in einem christlichen Europa das christlichste aller Feste nicht nehmen lassen! Von niemandem, auch nicht von politisierenden Märchen- und Gefälligkeitstheologen. Ohne diese segensreiche Volkskultur werden wir bettelarm.
Dietrich Bonhoeffer, Märtyrer des Dritten Reiches, wurde am 5. April 1943 wegen Widerstand gegen Hitler von der nationalsozialistischen Gestapo verhaftet und ins Berliner Gefängnis Tegel überstellt. Furchtbare Monate der Ungewissheit folgten, doch er wusste sich »Von guten Mächten wunderbar geborgen«. Und ihn trösteten Erinnerungen an seine Familie und ihre Feste. Am 17. Dezember 1943 schreibt er aus der Haft: »Liebe Eltern! Es bleibt mir wohl nichts übrig, als Euch für alle Fälle einen Weihnachtsbrief zu schreiben. Ich brauche Euch nicht zu sagen, wie groß meine Sehnsucht nach Freiheit und nach Euch allen ist. Aber Ihr habt uns durch Jahrzehnte hindurch so unvergleichlich schöne Weihnachten bereitet, dass die dankbare Erinnerung daran stark genug ist, um auch ein dunkleres Weihnachten zu überstrahlen.«
Bonhoeffer schreibt dann vom ewigen Wert des Weihnachtsfestes und dem großen Schatz echter Familientradition: »In solcher Zeit erweist es sich eigentlich erst, was es bedeutet, eine Vergangenheit und ein inneres Erbe zu besitzen, das von dem Wandel der Zeiten und Zufälle unabhängig ist.« Das gebe ihm nun im Kerker von Tegel selbst in unsicheren Zeiten »das sichere Gefühl der Geborgenheit«.
So wirkt Weihnachten!

✮ Wenn aus Geheimnissen Geschenke werden

Advent, die Zeit vor Weihnachten: Die Welt ist voller Geheimnisse. Eltern haben Geheimnisse vor ihren Kindern, Kinder vor Mutter und Vater und die wiederum untereinander. Jeder hat sein Geheimnis. Eine großartige Zeit. Und an Weihnachten werden die Geheimnisse gelüftet. Doch das ist nicht nur in der Familie so, sondern auch zwischen Gott und den Menschen. Das Alte Testament, vor Christi Geburt geschrieben und da oft schon jahrhundertealt, ist ein Buch voller Geheimnisse, aber nicht mit den sprichwörtlichen »sieben Siegeln«. Es gibt eine Lösung, die sogar eine Erlösung ist! Alte Geschichten – topaktuell!

An irgendeiner Stelle der Weltgeschichte hat Gott dieses Geheimnis versteckt, das ahnen die Menschen irgendwie. Frauen und Männer der Bibel bezeugen das. Jakob sagt voller Sehnsucht und Geduld: »Ich warte auf dein Heil.« Der streitbare Prophet Micha klingt schon optimistischer und gewisser: »Ich freue mich auf dein Heil.« Und Jesaja, der große unter den Propheten, kann es kaum erwarten: »Ach, dass du den Himmel zerrissest und führest herab!« Die greisen Simeon und Hanna hielt es nicht mehr in ihrer Jerusalemer Wohnung. Täglich, vom Sabbat bis zum Freitag, quälten sie ihre alten Knochen zum Tempelberg hinauf. Dort ließen sie sich nicht vertrösten – denn Gott tröstet, aber er vertröstet nie! Sie warteten einfach auf dieses Wunder, auf das Geschenk Gottes.

Gott hatte sein Geheimnis und in der Heiligen Nacht wurde es gelüftet. Weltweit war der Nachhall von Jubel und Freude zu hören, die von einem unscheinbaren Stall ausgingen, so das Neue Testament. In Rom: »Freuet euch in dem Herrn allewege!« In Korinth: »Uns ist erschienen die Freundlichkeit Gottes.« In Ephesus: »Gelobt sei der Herr, der uns so gesegnet hat!«

Wenn Gottes Geheimnis zum Geschenk wird, dann ist Weihnachten! Das macht uns wirklich reich. Dietrich Bonhoeffer schreibt treffend: »Die Geheimnislosigkeit unseres modernen Lebens ist Grund unseres Verfalls und unserer Armut.«

Gott kommt in Bethlehem durch die Hintertür zur Welt.

Martin Luther

Von der Geburt eines Kindes ist die Rede, nicht von der
umwälzenden Tat eines starken Mannes,
nicht von der kühnen Entdeckung eines Weisen,
nicht von dem frommen Werk eines Heiligen.
Es geht wirklich über alles Begreifen:
Die Geburt eines Kindes soll die Wende
aller Dinge herbeiführen,
soll der ganzen Menschheit Heil und Erlösung bringen.

Dietrich Bonhoeffer

Kreuz und Krippe – gleiches Holz

Strahlt ein Stern hell durch die Nacht,
Schlaf liegt über Bethlehem.
Nur die Hirten auf der Wacht
dürfen Gottes Wunder sehn.
Tief erschrocken lauschen sie
nie gehörter Melodie.
Engel künden aller Welt:
Christus hat sich eingestellt.
Ehre sei dem höchsten Herrn,
Heil den Menschen nah und fern.

Gott und Menschheit, welche Kluft
gähnt hier tief durch eine Schuld.
Aber ach, mein Hirte ruft
noch mit göttlicher Geduld.
Soll ich weiter irregehn,
nie das Ziel vor Augen sehn?
Kreuz und Krippe, Ziel und Weg,
zeige mir, eh es zu spät.

Yang Dyings Ch'în (China)

Weihnachten kinderleicht!

In der Heiligen Nacht von Bethlehem redet Gott in deutlicher Sprache. Für jeden verständlich. Kinderleicht. In Jesus bekommt Gottes Liebe Hand und Fuß. Gott, der Vater, wird durch seinen Sohn für uns Menschenkinder greifbar. Für jeden zu begreifen. Ein Liebes-Angebot, das man nur ergreifen muss. Was für ein ergreifendes Ereignis, jenseits all unserer Vorstellungskraft: »Gott schämt sich der Niedrigkeit des Menschen nicht. Er geht mitten hinein, er wählt den Menschen zu seinem Werkzeug und tut seine Wunder dort, wo man sie am wenigsten erwartet« (Dietrich Bonhoeffer). Groß ist die Freude, dass Gott so klein wurde. Die Maxifreude ist mini: so klein wie ein Kind. Im Kleinsten ist Gott am allergrößten. »Wer sein Herz an Jesus verliert, hat gewonnen« (Martin Luther). Lebenssinn und Seelenheil sind nur ein Gebet weit entfernt. Die Brücke geht über Bethlehem. Kinderleicht!

Sehet, was hat Gott gegeben:
seinen Sohn zum ew'gen Leben.
Dieser kann und will uns heben
aus dem Leid ins Himmels Freud'.

Paul Gerhardt

Weg mit der Zipfelmütze!

Was haben wir nur aus Weihnachten gemacht?! Zipfelmütze statt Heiligenschein, Weihnachtsmann statt Nikolaus, Vorweihnachtszeit statt Advent. Irgendwie stimmt was nicht. Aber es ist ja auch kein Wunder: Wenn der Inhalt verloren geht, verlieren wir auch die Form. Es bleiben dann nur noch Kitsch und Kommerz. Zum Beispiel so was wie der Weihnachtsmann, der vor 2000 Jahren in der Heiligen Nacht gar nicht vorkam, sondern erst Anfang des 20. Jahrhunderts von der amerikanischen Getränkeindustrie erfunden wurde. Aber wer weiß das schon ...

Der Advent muss endlich wieder eine weihnachtsmannfreie Zone werden! Es gilt, den Nikolaus zu entdecken, der im 4. Jahrhundert als Bischof von Myra in Kleinasien wirkte. Sein Todestag steht sogar in vielen Kalendern: der 6. Dezember. Er half selbstlos Menschen in Not und war ein Freund der Kinder. Äußeres Zeichen seines Bischofsamtes: die Mitra und nicht – wie bei der erfundenen Reklamefigur – eine rote Mütze mit weißem Bommel. Selbst Ältere wissen nicht mehr den Weihnachtsmann vom Nikolaus zu unterscheiden. Uneigennützigkeit, Nächstenliebe, Schenken und Teilen: Das sind Werte, die ich mit Sankt Nikolaus verbinde. Dies sind die Spuren, die der historische Bischof hinterlassen hat. Nikolaus räumt den Weg zu Gott frei. Auch heute kann er uns lehren: Schenken macht nicht ärmer, sondern reicher.

Und sagt euren Kindern …

Ein Lied, das mich seit über 30 Jahren begleitet. Entstanden in der Musikwerkstatt der mitteldeutschen Pastoren Dr. Theo Lehmann und Jörg Swoboda. In der damaligen DDR purer Protest! Ein Generalangriff auf all die Herodes-Imitate, die brutal ihre Macht gegen alle Herrschaftsansprüche verteidigen. Letztlich immer das gleiche Lied: Es soll den Christen und ihrem Christus an den Kragen gehen. Die sind es, die die Mächtigen mächtig stören. »Euch ist heute der Heiland geboren, welcher ist Christus, der Herr« (Lukas 2, 11).

Die Mächtigen kommen und gehen
und auch jedes Denkmal mal fällt.
Bleiben wird nur, wer auf Gottes Wort steht,
dem sichersten Standpunkt der Welt.

Und lehrt eure Kinder das eine,
dass über Gott keiner mehr steht,
dass auch der Größte klein beigeben muss,
wenn Gott kommt und alles vergeht.

Vertraut auf den Herrn für immer, denn er ist der ewige Fels.

DEB

Ein Fest naht, ein Fest wie kein anderes.
Ein Fest, dessen Geist die Welt umspannt.
Und über Berge und Täler die Botschaft verkündet:
Christ ist geboren!

Joachim Ringelnatz (1883–1934)

Wann Weihnachten ist …

Jedes Mal, wenn zwei Menschen einander verzeihen,
ist Weihnachten.
Jedes Mal, wenn ihr Verständnis zeigt für eure Kinder,
ist Weihnachten.
Jedes Mal, wenn ihr einem Menschen helft,
ist Weihnachten.
Jedes Mal, wenn jemand beschließt, ehrlich zu leben,
ist Weihnachten.
Jedes Mal, wenn ein Kind geboren wird,
ist Weihnachten.
Jedes Mal, wenn du versuchst, deinem Leben einen neuen Sinn zu geben,
ist Weihnachten.
Jedes Mal, wenn ihr einander anseht mit den Augen des Herzens,
mit einem Lächeln auf den Lippen,
ist Weihnachten.

Denn es ist geboren die Liebe,
denn es ist geboren der Friede,
denn es ist geboren die Gerechtigkeit,
denn es ist geboren die Hoffnung,
denn es ist geboren die Freude.

Denn es ist geboren Christus, der Herr!

Unbekannter Verfasser aus Brasilien

Fakten oder Fake-News?

Weihnachten - eine sagenhafte Geschichte! Für viele ist es auch nur eine bloße Sage, ein Märchen, eine Legende. Kann es so etwas wirklich geben, was der Evangelist und Arzt Lukas vor 2000 Jahren berichtet? Fake-News, um den Menschen alle Jahre wieder eine rührselige Story für romantisch-nostalgische Stunden bei leise rieselndem Schnee zu bescheren? Was man von manchen Kanzeln hört, hat in der Tat mit historischen Fakten nichts mehr zu tun. Märchenstunde mit moralisch erhobenem Zeigefinger.

Dabei ist jedes Detail - inklusive Weihnachtsstern als Navi für die Weisen aus dem Morgenland – eine unbestreitbare wissenschaftliche Realität. Die Bibel: Fakten, Fakten, Fakten ...

Allein wie Lukas das Ereignis von Bethlehem schildert, zeugt von Geschichte, nicht von Geschichte**n**! Er benutzt das wichtigste Handwerkszeug eines Reporters, das bis heute Standard guten Journalismus ist: die 7 »W-Fragen« am Beispiel der Hirten, die hören, hingehen, recherchieren, sich überzeugen und zurückgehen, um die erlebte Tatsache weiterzusagen.

Die 7 W's: Wer hat etwas getan: Gott. Was geschah: Jesus ist geboren. Wo war das: Bethlehem. Wann ist das passiert: als Quirinius Statthalter in Syrien war. Wie hat Gott das getan: mit Mutter Maria und Pflegevater Josef. Warum geschah das Ganze überhaupt: damit die Schrift erfüllt wird. Woher ist die Information: Himmelsboten und Augenschein.

Präzise hält sich Reporter Dr. Lukas an journalistische Regeln, die nur eines zum Ziel haben: Was dort geschildert wird, ist pure Tatsache, die reine Wahrheit. Wer die Heilige Nacht ins Reich von 1001 Nacht verlegt, hat keine Ahnung von der Aktualität und historischen Glaubwürdigkeit der Bibel.

Die Niedrigkeit dieser Großtat Gottes ist vielen der Stein des Anstoßes, ein Skandal. Und niemand kann diese Geschichte neutral-distanziert und akademisch-nüchtern als bloße Literatur konsumieren: »Wir müssen uns klar werden, wie wir angesichts der Krippe im Stall von Bethlehem künftig über hoch und niedrig im menschlichen Leben denken wollen« (Dietrich Bonhoeffer).

Und was bleibt?

Was bleibt eigentlich nach Weihnachten von Weihnachten? Was halten wir fest, wenn das Fest vorbei ist? Ja, was hält uns fest, wenn das neue Jahr mit all seinen Sorgen und Herausforderungen beginnt? Das Leben geht weiter. Unerbittlich. Stimmung verfliegt, nur das Echte zählt. Jesus! Er bleibt, wenn alles (ver)geht. Aus dem Baby in der Krippe wurde der Mann am Kreuz. Weihnachten ist der Anfang der Geschichte, Golgatha ihr Ziel. Die Liebe Gottes in Person – dem blinden Hass der Menschen ausgesetzt. Aber er spricht für die ganze Welt das (er)lösende Wort: »Es ist vollbracht« (Johannes 19,30). Ostern rollt dann der Stein vom Grab. Der Tote lebt, damit Weihnachten nicht umsonst war.
Nicht nur bloße Stimmung in romantischer Idylle, sondern Botschaft mit Zukunftsperspektive: »Euch ist heute der Heiland geboren!«
Was Weihnachten beginnt und in Karfreitag und Ostern das Ziel erreicht, hat Ewigkeitswert: »Siehe, ich bin bei euch alle Tage bis an der Welt Ende« (Matthäus 28,20). Was bleibt nach Weihnachten von Weihnachten? Er bleibt! Jesus Christus! Wenn der Festtag geht, bleibt Jesus doch fest bei uns. Wenn die Kerzen verlöschen, bleibt das Licht der Welt doch bei mir. Jeden Tag! Wenn die Geschenke verstaut sind, so bleiben »Glaube, Hoffnung, Liebe, diese drei; aber die Liebe ist die größte unter ihnen« (1. Korinther 13,13).

Bildnachweis:
Cover: Getty Images / standret; Sterne (Rücken): Getty Images / vectortatu
Innenteil: Vor- und Nachsatz: Getty Images / Artfoliophoto; alle Sterne (Bund): Getty Images / vectortatu; S. 1: Getty Images / standret; S. 5: Getty Images / standret; S. 7: Getty Images / 2Mmedia; S. 9: Getty Images / stolbik84; S. 10/11: Getty Images / iphotothailand; S. 13: Getty Images / tomertu; S. 15: Getty Images / Gama5; S. 16/17: Getty Images / rudchenko; S. 19: Getty Images / tab1962; S. 21: Getty Images / Pink_frog; S. 22/23: Getty Images / masyusha; S. 25: Getty Images / Jag_cz; S. 27: Getty Images / jakkapan21; S. 28/29: Getty Images / supermoose; S. 31: Getty Images / pictureimpressions; S. 33: Getty Images / NataliaLeb; S. 34/35: Getty Images / David De Lossy; S. 37: Getty Images / Ingram Publishing; S. 38/39: Getty Images / mthaler; S. 41: Getty Images / vladans; S. 43: Getty Images / kristo74; S. 45: Getty Images / Dgwildlife

Bibliografische Information der Deutschen Nationalbibliothek
Die Deutsche Nationalbibliothek verzeichnet diese Publikation in der Deutschen Nationalbibliografie; detaillierte bibliografische Daten sind im Internet über http://www.dnb.de abrufbar.

ISBN 978-3-8429-3558-7

Bestell-Nr. 5.123.558

Gesamtgestaltung: Ch. Karádi
Gesamtherstellung: Drukarnia Dimograf, Bielsko-Biała, Polen
Printed in the EU 2017

www.media-kern.de

Geschenkbände im gleichen Stil

Nr. 5.123.507
64 Seiten, gebunden, 16,4 x 24 cm
€ 9,95

Nr. 5.123.030
48 Seiten, gebunden, 11,5 x 11,6 cm
€ 5,95

Nr. 5.123.007
32 Seiten, gebunden, mit Goldprägung, 16 x 12,5 cm
€ 6,95

In dieser Reihe sind auch erschienen:

Nr. 5.123.002

Nr. 5.123.008

Und außerdem: Nr. 5.123.001 + Nr. 5.123.003

Weitere Geschenk-Bestseller von Peter Hahne

Nr. 5.123.505 · € 9,95

Nr. 5.123.516 · € 12,95

Nr. 5.123.521 · € 12,95

Nr. 5.123.527 · € 12,95

Nr. 5.123.539 · € 12,95

Nr. 5.123.549 · € 16,95

Nr. 5.123.553 · € 9,95

Nr. 5.123.531 · € 9,95